POURQUOI JE DOIS...

PARTAGER

GAMMA
CONTEXT • ÉCOLE ACTIVE

POURQUOI JE DOIS...

- Économiser l'eau
- Économiser l'énergie
- Recycler les déchets
- Protéger la nature

- Aider
- Partager
- Écouter
- Manger équilibré

Traduit par Jacques Canezza.

© Copyright 2001 Hodder Wayland
Hodder Children's Books
Titre original : *Why should I share ?*

© Éditions Gamma,
60120 Bonneuil-les-Eaux, 2003,
pour l'édition française.
Dépôt légal : septembre 2003.
Bibliothèque nationale.
ISBN 2-7130-1995-8

Exclusivité au Canada :
Édition École Active
2244, rue de Rouen, Montréal,
Qué.H2K 1L5.
Dépôts légaux : septembre 2003.
Bibliothèque nationale du Québec,
Bibliothèque nationale du Canada.
ISBN 2-89069-744-4

Diffusion en Belgique :
Context S.A.
Avenue du Midi, 9
4130 Esneux

Loi n° 49-956 du 16 juillet 1949
sur les publications destinées à la jeunesse.
Imprimé en Hong Kong.

POURQUOI JE DOIS...

PARTAGER

Écrit par Claire Llewellyn
et illustré par Mike Gordon

GAMMA
CONTEXT • ÉCOLE ACTIVE

Maman s'est fâchée ce matin
parce que je refusais de partager.

Je le veux !

Il est à moi !

et je n'ai pas voulu partager les cerises.

Paul, partage ces cerises avec Tony. Elles sont pour tous les deux.

Maman m'a dit que c'était gentil
de partager. Ça montre que l'on pense
aux autres. Et pas qu'à soi.

Elle a dit : « D'après toi, que va-t-il se passer si tu refuses de partager tes jouets ? »

« Personne
ne voudra plus
jouer avec toi. »

« Et devine ce qui se passera
si tu ne partages pas
tes friandises. »

« Tes amis ne t'aimeront plus. »

« Et d'après toi, que
se passera-t-il si tu n'es
pas gentil avec Tony
et que tu ne le laisses
pas jouer au Yo-Yo ? »

« Je vais le confisquer et personne
ne jouera avec. »

J'étais si en colère
que je suis allé voir
mes voisines, les jumelles.

Anne et Lucie sont mes meilleures amies.
Elles m'ont dit qu'elles ont grandi en
partageant.

Elles m'ont dit que c'était
plus amusant de partager.

Nous avons joué tous les trois.

Et j'ai commencé à comprendre
ce qu'elles m'avaient dit.

Il est plus amusant
et plus gentil de partager.

Partager peut améliorer
beaucoup de choses.
Par exemple, quel est l'intérêt
d'avoir un Frisbee tout neuf...

si tu ne le partages
pas avec un ami ?

Et c'est bien d'avoir
un animal pour toi tout seul,

mais c'est deux fois plus agréable de le partager avec tes amis.

Partager peut aussi être utile.
Certaines personnes partagent
de temps en temps.

D'autres partagent tout le temps.

J'ai pensé que je pouvais faire un effort pour partager. Après le goûter, j'écoutais mon baladeur et Tony se sentait un peu abandonné.

Alors je lui ai dit : « Tu peux l'écouter aussi. »

Oh, Paul !
c'est gentil
de partager.

C'est gentil de partager et ça rend les gens heureux. Et un autre avantage, c'est que quand tu partages avec les autres...

ils partagent
parfois
avec toi !

Notes pour les parents et les éducateurs

Pourquoi je dois... Partager se veut un livre agréable destiné à montrer l'importance de partager avec les autres. Les enfants ont souvent des difficultés à partager. À l'aide de situations variées, ce livre montre comment le partage profite à tous.

Le partage est une forme de don. Partager des bonbons ou un jouet encourage les enfants à développer des relations avec les autres. Travailler et jouer ensemble apprend aux enfants à coopérer avec leur famille, leurs amis et leurs camarades d'école. C'est une manière de vivre avec les autres.

Partager permet de mieux comprendre les sentiments des autres. Certains enfants ont des difficultés à penser à autre chose qu'à eux-mêmes. Bénéficier de la générosité d'une personne ou souffrir de son égoïsme peut aider à mieux comprendre les autres et à mieux se connaître. Partager permet aux enfants d'avoir une image positive d'eux-mêmes. Il faut les féliciter quand ils partagent : cela renforce l'estime qu'ils se portent.

Suggestions de lecture avec les enfants

Ce livre contient de nombreux exemples de situations dans lesquelles les enfants parviennent ou ne parviennent pas à partager. Arrêtez-vous sur chacune de ces situations et parlez-en avec les enfants. Y a-t-il des choses qu'ils ont du mal à partager ? Lesquelles ?

Nous apprécions tous que les autres partagent avec nous. Demandez-leur dans quelles circonstances cela leur est déjà arrivé.

Interrogez les enfants sur la signification du verbe partager. Pourquoi est-il important de partager ? Demandez-leur d'imaginer un monde dans lequel personne ne voudrait partager quoi que ce soit. Les hommes seraient-ils plus heureux ou plus malheureux ? Aidez-les à prendre conscience qu'ils appartiennent à des groupes et des communautés – la famille, l'école – et que ces groupes ne pourraient pas fonctionner sans le partage.

Nous partageons aussi notre environnement avec tous les hommes et tous les animaux et ce partage impose des responsabilités.

Suggestions d'activités

Organisez un travail de groupe telle la construction d'une maquette qui exigera des enfants un partage avec leurs camarades.

Demandez aux enfants d'interroger leurs grands-parents ou d'autres personnes âgées sur ce qu'ils partageaient quand ils étaient jeunes. Pendant la Seconde Guerre mondiale, les gens devaient partager de nombreuses choses telles que les vêtements et la nourriture. Pensent-ils que les gens partageaient plus à cette époque ?

Organisez un jeu dans lequel deux pirates doivent partager un butin. Dessinez le coffre, la carte du trésor, des bijoux, des pièces d'or… et demandez aux enfants de partager équitablement.

Glossaire

confisquer : prendre une chose à quelqu'un
et la garder en punition.

partager : diviser quelque chose en plusieurs parts.